글 로빈 제이콥스

어린이책과 어린이 TV 프로그램 방송 작가로 활동하고 있어요. 지구 과학을 전공하고, 기후 변화를 둘러싼 환경 문제에 열정을 가지고 있습니다. 『에코 씨가 친환경 집을 지어요 (The Mellons Build a House)』는 그녀가 직접 친환경 주택을 설계하고 시공한 경험을 바탕으로 개발한 책입니다. 가족과 두 마리의 개와 함께 영국 브리스틀 외곽에 살고 있어요. 『Earth Shattering Events(Cicada 2019)』『Don't Hug the Pug (Cicada 2019)』를 썼습니다.

그림 닉 네베스

브라질 상파울루에서 태어나고 포르투 알레그리에서 자랐습니다. 지금은 베를린에 살면서 보그, 페이스북, 내셔널지오그래픽, 론리플래닛 등 초일류의 기업의 클라이언트와 함께 일하고 있어요. 그의 작품은 American Illustration Annual 32와 56회 뉴욕 일러스트레이터 협회에 선정되었습니다. 『Classical Music: An Illustrated History』 같은 어린이책의 그림을 그렸어요.

로빈의 그림책장 에코 씨가 친환경 집을 지어요

1판 1쇄 발행 2023년 7월 25일
1판 2쇄 발행 2024년 12월 25일

글 Robin Jacobs | **그림** Nik Neves
편집 전연휘 | **디자인** 원상희 | **홍보, 마케팅** 양경희
펴낸이 전연휘 | **펴낸곳** 안녕로빈 | **출판등록** 2018년 3월 20일(제 2018-000022호)
주소 서울특별시 광진구 아차산로69길 29 **T** 02 458 7307 **F** 02 6442 7347
robinbooks@naver.com / post.naver.com/robinbooks
@childrenbooks_hellorobin / hellorobin.co.kr

ISBN 979-11-91942-13-2 77540

THE MELLONS BUILD A HOUSE by Robin Jacobs, Nik Neves

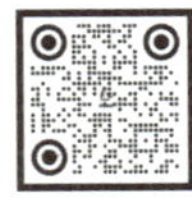

안녕로빈 인스타그램 | 안녕로빈 블로그 | 안녕로빈 한 학기 한 권 읽기

에코 씨가 친환경 집을 지어요

글 로빈 제이콥스 그림 닉 네베스

안녕로빈

여기는 에코 씨의 집입니다.
아빠 에코, 엄마 에코, 로이 에코,
나나 에코, 마시 에코가 살고 있어요.

막내 마시가 쑥쑥 자라서 가족이 사는
아파트가 좁아졌어요. 에코 씨가
더 넓은 집으로 이사할 때가 된 거죠.

에코 씨 가족은 여러 종류의 집을 둘러보았어요.

1980년대에 세워진 아파트 단지

너무 높은걸!

하지만 맘에 드는 집을 찾기가
쉽지 않았어요.

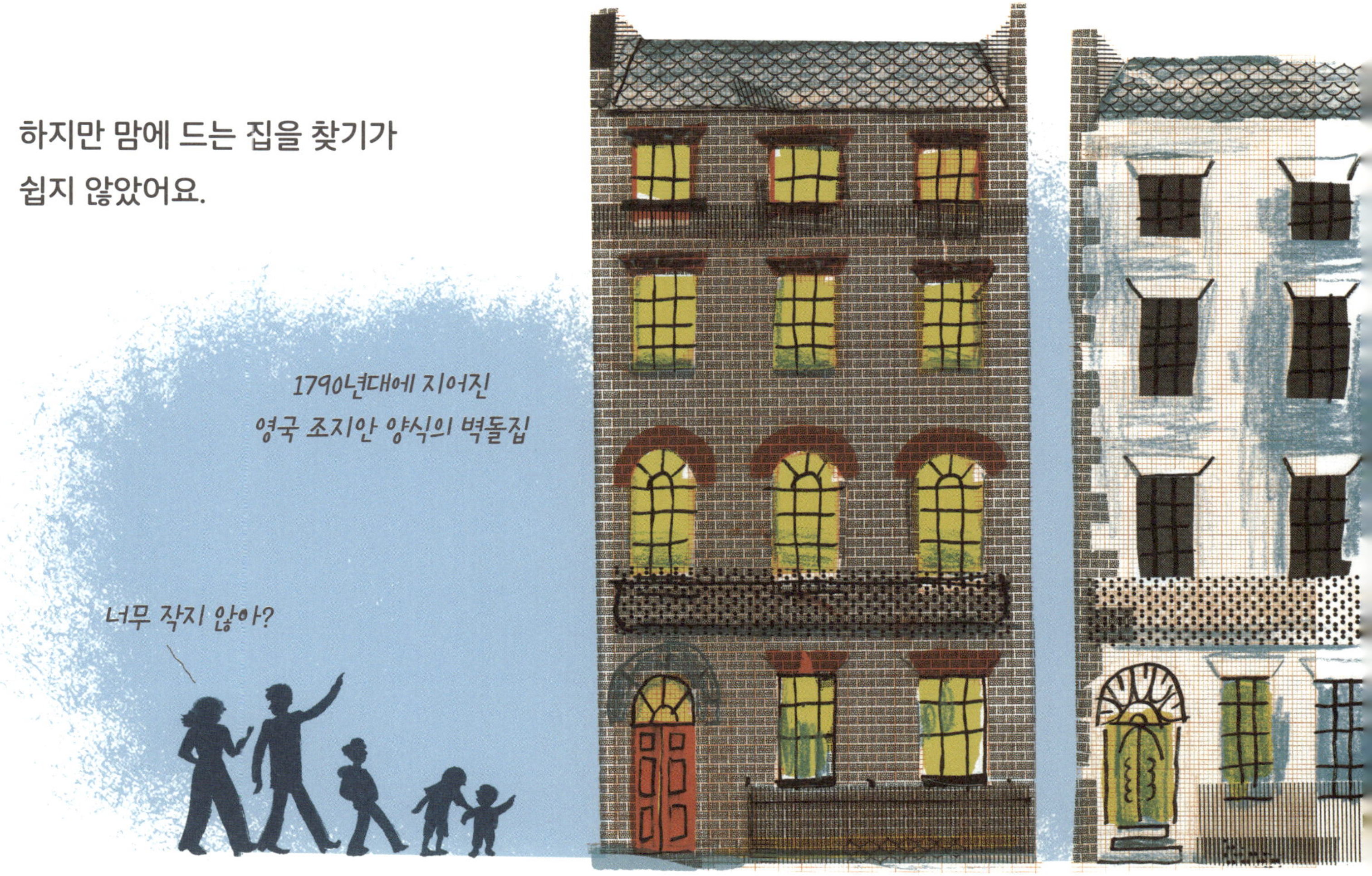

“여보, 우리 가족에게 딱 맞는 새집을 짓는 건 어떨까?” 엄마 에코가 말했어요.
“그거, 좋은 생각인데!” 에코 씨가 고개를 끄덕였어요.

올리비아는 건축가예요. 그녀는 집을 설계해요. 사람들은 꿈꿔왔던 집을 지으려고 올리비아를 찾아와요.

올리비아는 집을 설계하기 전에 많은 것들을 생각해요.

어떤 방법으로 집을 지을지, 얼마의 비용을 쓸지, 어떤 점을 고객이 원하는지 생각하지요.

집을 설계할 때 올리비아가 무엇보다 중요하게 생각하는 것이 있어요.

그건 바로, 친환경이에요.

집을 짓는 데는 꽤 많은 건축 자재와 에너지가 필요해요.
친환경 집을 짓기 위해 올리비아는 가능한 한 오래 사용하고 재활용할 수 있는 건축 자재를 선택할 거예요.

친환경 집은 에너지 효율이 높아야 해요. 그러기 위해서 에너지가 집 안팎을 잘 순환할 수 있는 방법을 찾아야 해요.

올리비아는 자연환경에 도움을 줄 방법도 생각할 거예요.

마침내, 올리비아는 집의 디자인을 완성했어요. 오늘은 설계도를 소개하는 날이에요.

이것이 에코 씨의 친환경 집 평면도입니다.
평면도는 위에서 집을 내려다본 지도와 같습니다.

평면도에는 에코 씨 가족 각자가 원하는 공간이 있을 뿐만 아니라,
가족 모두 함께 지낼 수 있는 공간도 있어요.

여름에 시원하고 겨울에 따뜻하게 지내려면 어떤 집이어야
할까요? 설계도에 그녀의 생각이 담겨 있어요.

어떻게 땅 모양을 최대한 살려서 집을 지을까? 어떻게 빛을 집 안으로 끌어들일까? 어떤 자재를 사용해야 환경을 해치지 않을까? 올리비아는 에코 씨 가족에게 자세히 설명했어요.

에코 씨는 올리비아의 디자인이 마음에 들었어요. 이제 본격적으로 집을 지을 때예요.

집짓기는 복잡한 과정이에요. 여러 분야의 기술자들이 함께 일하고, 특별한 자재와 기계가 필요하지요.

건축 기술자 비아 씨는 집짓기가 전문이에요. 비용과 일정을 포함하여 모든 과정을 책임지고, 설계도에 따라 집을 완성해요.

이 사람들이 비아 씨와 함께 집을 지을 기술자들이에요.

(전기 기술자)

(지붕 기술자)

(비계 설치공)

(조경사)

(목수)

(배관공)

(기초공사자)

건설 작업이 시작되기 전에 가장 먼저, 보리스와 동료들이 기초 공사를 합니다.
땅에 구멍을 파서 건물을 단단히 받칠 수 있는 흙의 위치를 확인해요.

건물이 설 땅을 고르고 다져요.
땅이 건물의 무게를 고르게 분산하여 지탱하도록 돕는 중요한 과정입니다.

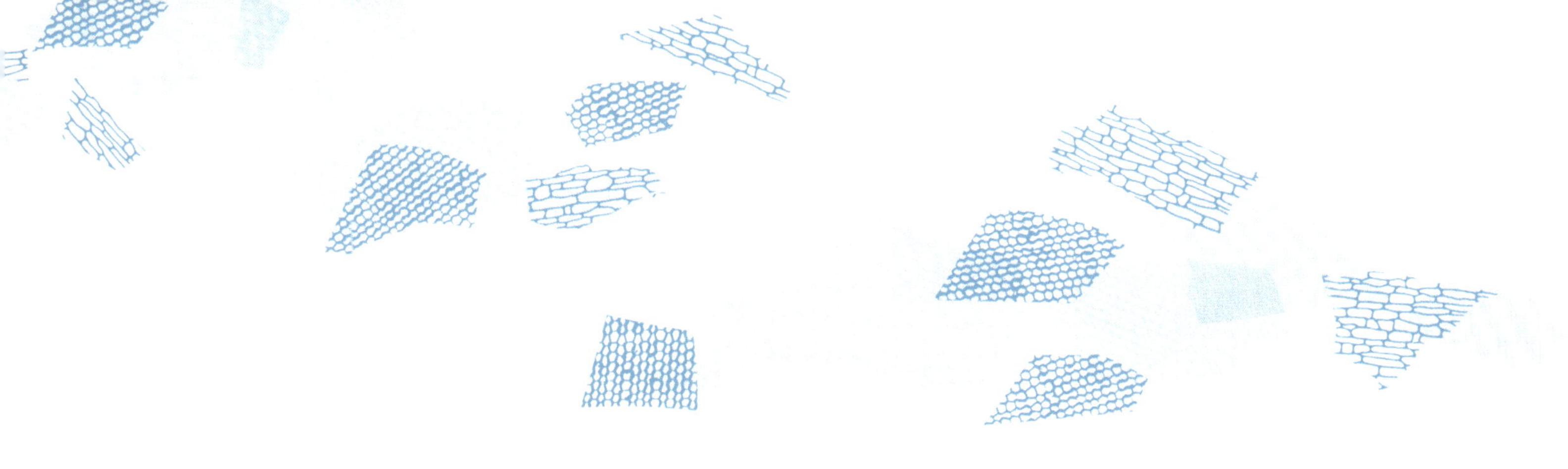

건물 주위로 도랑을 파요. 물이 빠지는 배수로를 만드는 거예요.
퍼낸 흙은 나중에 정원의 흙으로 사용할 거예요.

깊이 판 도랑에 콘크리트를 부어요. 콘크리트는 시멘트, 자갈, 모래와 물의 혼합물이에요. 콘크리트가 굳으면 아주 강하고 단단해집니다.

에코 씨 집의 기초 공사에는 친환경 콘크리트를 사용할 거예요.
친환경 콘크리트는 사용했다가 버린 폐콘크리트와 물을 재활용한 제품입니다.

기초공사를 하는 동안 히트펌프도 설치합니다.
히트펌프는 공기와 땅속의 열을 끌어모아 집 주변으로 보내요.
전기로 난방하면 천연가스 사용을 줄일 수 있어요.

보리스가 길고 얕은 도랑 두 개를 파서 그 안에 구리 코일을 묻었어요. 이 코일이 땅에서 열을 끌어모아서 집 안으로 전달한답니다.

히트펌프는 적은 양의 전기로도 집을 따뜻하게 해줘요. 천연가스 연료를 태우지 않는 친환경 설비예요.

보리스는 기초공사가 끝난 땅에 친환경 콘크리트를 부어 바닥 면을 만듭니다. 바닥이 굳으면 난방 장치를 설치하고 히트펌프와 연결할 거예요.

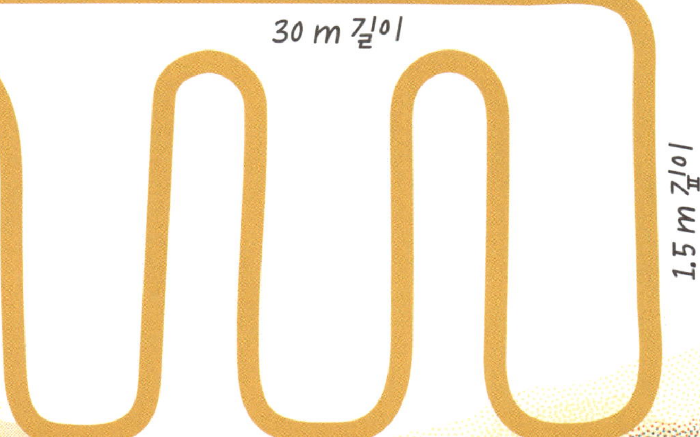

기초가 완성되었어요. 이제 집의 구조를 세울 수 있어요.
구조 틀은 집을 지지하는 뼈대입니다. 기둥과 보로 이루어져 있어요.
이 집의 구조 틀은 목재입니다. 에코 씨는 목조주택을 짓기로 했거든요.

보와 기둥은 교차적층목재를 사용해요. 교차적층목재는 여러 겹의 나무판을 서로 다른 방향으로 포개 붙여 만든 건축 자재예요. 가볍고 강할 뿐 아니라 정확한 크기로 재단해서 쓸 수 있어요. 보와 기둥은 불에 타지 않는 특수 화학 물질로 처리해요.

크레인이 보와 기둥을 들어 올려 정해진 자리에
가져다 놓아요.

집의 구조가 다 세워지면, 비계설치공 맥스가 구조 틀 주변으로 비계를 설치합니다. 강철 금속관을 수직과 수평으로 조립하고, 곳곳에 발판과 계단을 설치해요. 비계가 있어야지 접근하기 어려운 곳에 다가가서 공사할 수 있어요. 공사가 끝나면 비계를 해체해요. 다음에 다른 집 공사에 재사용할 거예요.

여러 장의 목재 패널이 트럭에 실려 건축 현장에 도착했어요. 집의 바깥쪽 벽을 만들 자재에요. 두 장의 나무판 사이에 두꺼운 **단열재**가 샌드위치처럼 끼워져 있어요.

목재 패널은 올리비아가 디자인한 창문과 문을 생각해서 정확한 치수로 미리 재단한 거예요. 문틈이나 창문 틈으로 열이 새 나가지 않도록 빈틈없이 패널을 끼울 거예요.

지붕을 올릴 차례예요. 이 집의 지붕은 특별합니다.
지붕의 절반은 평평하게 만들어요. 옥상정원이 될 거예요.

옥상정원은 흙 때문에 무거워요.
이 지붕을 받치는 보는 촘촘히 걸고,
그 아래 벽은 가장 두꺼운 목재
패널을 세워야 해요.

다른 쪽 절반은 기와로 덮은 경사 지붕이에요.
지붕 기술자 피엘은 기와 위에 10개의
태양광 패널을 설치해요.

태양광 패널 2개는 온수를
만드는 데 쓰고, 나머지 8개는
전기를 생산할 거예요.
쓰고 남은 전기는
전기 회사에
팔 수 있어요.

지붕 아래에는 빗물받이 홈통이 있어요. 홈통에 모인 빗물은 홈통을 따라 흘러 마당에 있는 커다란 **빗물탱크**에 저장돼요. 이 물로 정원의 식물을 키울 거예요.

홈통은 지하 물탱크에도 연결했어요. 지하 물탱크에서 걸러진 물은 화장실과 세탁실 물로 사용할 거예요.

나머지 빗물은 정원의 연못으로 흘러가서 야생 생물의 보금자리가 될 거예요.

지붕이 올려지고 나면 창문과 문이 도착했어요.

창문은 삼중 유리로 되어 있습니다.
삼중 유리창은 특별해요. 빛은 통과하고
태양열은 반사해요. 집 안을 밝고 쾌적한
온도로 유지할 수 있어요.

오늘은 공사가 잘 되었는지
점검하는 날입니다.
첫 번째 점검은 방수공사를
잘 했는지 확인하는 것입니다.

에너지 효율이
높은 LED 전구

와우오아아!!!

벽 패널에는 전력선이 통과하고 있어요.
전기 기술자 마르코가 조명 기구에 전구를
연결해 두었어요.

배관공 요나가 배관을 연결했어요. 물을 사용하는 욕실, 주방, 다용도실은 건물 한편으로 몰아서 배치했어요. 물이 한 곳으로만 흐르도록 한 거예요. 집 주변 모든 곳에 물을 보낼 필요가 없어요. 그건 에너지 낭비죠!

변기 물은 모아둔 빗물이야. 똥과 오줌을 내릴 때 물의 양을 구별하자!

지하 설비실에는 땅속 열을 끌어모으는 히트펌프 시설이 있어요. 이것은 집안의 바닥 난방과 연결되어 있어요.

설비실에는 지붕의 태양광 패널과 연결한 온수 저장 탱크도 있어요. 배관공 요나가 탱크를 욕실 수도꼭지와 샤워기에 연결했어요.

에코 씨의 집이 이제 거의 완성되었습니다. 집 외부를 비바람을 잘 견디는 **외장 목재**로 덮어서 날씨로부터 건물을 보호해요.

집 안의 벽에는 석고 반죽을 바르고, 그 위에 라임색 친환경 페인트를 칠했습니다. 주방 조리대에는 재활용 플라스틱 상판을 올렸어요.

정원도 모양을 갖추었어요. 정원의 흙은 보리스가 기초 작업을 할 때 파낸 흙이에요. 조경사 조가 마당 한쪽에 채소를 키울 수 있는 텃밭을 만들었고, 곳곳에 그늘을 드리워 줄 나무를 심었어요.

드디어 이삿날이에요!

에코 씨는 흐뭇해요. 가족 모두 새집을 좋아하기 때문이죠.

완벽해!

물고기 수영장!

에코 씨의 집은 밝고 환기가 잘 됩니다. 따뜻하고 편안해요.
집 짓는 비용은 생각보다 많이 들지 않았어요.
그런데도 가족 모두 자신이 원하는 공간이 생겼지요.
무엇보다 뿌듯한 건, 에코 씨의 집이
친환경으로 지어진 거예요.

에코 씨는 이 멋진 집에서
평생 동안 살 거예요.

집지을 때 쓰는 단어에는 이런 뜻이 있어요

건축가 건축가는 모든 종류의 건물과 다리 그리고 구조물을 설계합니다. 건물을 멋지게 보이도록 할 뿐만 아니라 안전하고 편안하게 만듭니다.

건축 기술자 건축 현장에서 일어나는 일을 종합적으로 관리하는 사람이에요. 각 분야의 전문가에게 일을 의뢰하고, 자재를 주문하고, 건축 예산을 관리하지요. 보통 건축가의 계획을 기술자가 만들 수 있도록 중간 역할을 해요.

교차적층목재 여러 장의 나무판자를 서로 다른 방향으로 쌓아가며 접착해 만들어요. 콘크리트만큼 단단하고 열에도 강하답니다.

구조 틀 집의 뼈대입니다. 건축물을 지지해 주는 기둥과 보로 이루어져 있어요.

기초 땅과 맞닿은 건물의 부분으로 건물의 무게를 땅으로 분산시켜요.

단열재 열이 집 밖으로 빠져나가는 것을 막아서 열효율을 높여요. 코르크, 양모, 재활용 플라스틱 등으로 만들어요.

방수공사 건물에 물이 스며들거나 새는 것을 막기 위한 공사예요.

빗물탱크 지붕에서 모은 빗물을 저장한 물탱크예요. 빗물을 걸러서 정원에 물을 주고, 화장실 변기 물로 사용합니다.

비계 금속 강관으로 만든 임시 구조물. 접근하기 어려운 건물의 위치에 작업자가 다가갈 수 있도록 도와주지요. 다 쓰면 해체해서 다음번에 사용한답니다.

삼중 유리창 세 장의 유리판을 겹쳐서 만든 창. 빛은 통과하고 태양열은 반사해요. 집안의 열이 밖으로 새지 않게 막아줘요.

설비실 물과 전기를 다루는 시설이 있는 공간이에요. 보일러실이라고도 불리는데 주로 지하에 있어요.

옥상 정원 건물 꼭대기 층을 평평하게 하고 정원으로 꾸며 식물을 키워요. 휴식 공간이 될 뿐만 아니라 여름에는 뜨거운 햇빛을 막아서 실내 온도를 낮추고, 겨울에는 열기를 잡아 실내 온도를 높여줍니다.

외장 목재 건물 외부에 사용되는 목재 판자로, 외관을 아름답게 하고 날씨로부터 보호하기 위해 사용합니다.

콘크리트 콘크리트는 세계에서 가장 널리 사용하는 건축 자재예요. 시멘트와 모래, 자갈로 만들어요. 여기에 물을 섞으면 걸쭉해지고 굳으면 강하고 단단해져요.

태양광 패널 태양광 에너지를 모아 건물에서 사용할 전기로 바꿔줘요.

평면도 건물 내부의 구조와 배치를 그린 도면. 위에도 내려다본 그림입니다.

히트펌프 바깥 공기와 땅의 열을 흡수하는 장치. 천연가스나 석유 보일러보다 에너지를 효율적으로 이용할 수 있도록 만든 설비예요.